A última guerra?

Palestina,
7 de outubro de 2023
- 2 de abril de 2024

Elias Sanbar

A última guerra?

título original: La Dernière guerre?
Palestine, 7 octobre 2023 - 2 avril 2024
Elias Sanbar

ISBN : 978-65-6119-023-7

Embora adote a maioria dos usos editoriais do âmbito brasileiro, a n-1 edições não segue necessariamente as convenções das instituições normativas, pois considera a edição um trabalho de criação que deve interagir com a pluralidade de linguagens e a especificidade de cada obra publicada.

COODERNAÇÃO EDITORIAL Peter Pál Pelbart
e Ricardo Muniz Fernandes
DIREÇÃO DE ARTE Ricardo Muniz Fernandes
ASSISTENTE EDITORIAL Inês Mendonça
GESTÃO EDITORIAL Gabriel de Godoy
TRADUÇÃO Flavio Taam
PREPARAÇÃO Pedro Taam
REVISÃO Fernanda Mello
PROJETO GRÁFICO Gabriel de Godoy e Isabel Lee
CAPA Isabel Lee

1ª edição | dezembro de 2024
n-1edicoes.org

A última guerra?

Palestina,
7 de outubro de 2023
- 2 de abril de 2024

Elias Sanbar

tradução: Flavio Taam

n-1 edições

Jamais eu teria imaginado ou percebido, antes de escrever este livro, o quanto meu desejo de analisar a guerra em Gaza e meu intuito de contribuir para uma melhor compreensão do drama em curso me fariam encarar um difícil episódio de minha vida, trazendo-me de volta a um trauma que só superei após longos anos de uma luta íntima, dentro de mim e contra mim.

Quero falar da Nakba de 1948, quando minha mãe me levou para um exílio que meus pais acreditavam ser de curta duração. Era uma manhã de abril de 1948, eu tinha 14 meses, 76 anos atrás.

A última guerra?

Palestina, 7 de outubro de 2023 - 2 de abril de 2024

BURACO NEGRO

Fui embora nos braços de minha mãe, a bordo de um comboio de veículos escoltados por blindados ingleses, que descarregou no posto fronteiriço de Naqoura, no sul do Líbano, "o excesso de sua carga" de mulheres e crianças.

Para os adultos, o exílio começou com a esperança de uma vitória iminente dos exércitos árabes que haviam entrado em 15 de maio na Palestina. Jovem demais para ter as mesmas ilusões, tive uma inflamação nas pálpebras que me deixou quase cego. Meus olhos pareciam irremediavelmente fechados. Minha mãe, em pânico, foi de um hospital ao outro. Um oftalmologista do Hospital Alemão de Beirute diagnosticou: "Senhora, essa criança fechou os olhos em reação ao medo da senhora". Ele me receitou um colírio.

Algumas semanas mais tarde, os olhos se abriram novamente.

Meu exílio começou com um buraco negro.

Eu não suspeitava nem percebia que essa guerra em Gaza iria, em vez de me fazer voltar afechar os olhos, trazer de volta a angústia, a angústia de minha mãe, a um homem que, após longos anos de luta por uma reconciliação histórica com aqueles que o levaram de sua própria casa, assiste impotente e furioso ao massacre generalizado e ininterrupto dos seus, ao desastre de milhares de crianças que fecharão os olhos para sempre.

Estamos num domingo, 4 de fevereiro de 2024, 120º dia de guerra.

Iniciados há quase cinco meses, os confrontos, massacres e bombardeamentos continuam. Devo, assim, obviamente abordar o tema de uma guerra em curso; tentar, com profunda dor, uma análise num momento cujo calor não se dissipa, sem nenhum distanciamento.

Devo acrescentar duas observações a esta breve introdução.

A guerra que hoje culmina em Gaza é também uma guerra contra a Palestina, contra toda a Palestina. As intensidades desiguais desse terreno não mudam em nada o objetivo de uma tentativa de aniquilação e destruição dos árabes da Palestina.

Objeto de extensos comentários, conclusões de especialistas, frustrações de Estados amigos de Israel ou de israelenses críticos da política conduzida pelo Gabinete de Guerra de seu país, a espera de uma formulação por parte de Benjamin Netanyahu de um eventual cenário do "primeiro dia depois" é pura ilusão.

Longe de ser afetado pelas críticas em Israel e em todo o mundo e pelas acusações de falta de visão, o Gabinete de Guerra israelense se mantém vago quanto ao assunto. Nada impediria, no entanto, a divulgação de um plano para o futuro, exceto que qualquer revelação antecipada levaria a dizer o inconfessável, a limpeza étnica em curso.

Preocupado com as críticas e a turbulência que tal admissão suscitaria, o Gabinete de Guerra espera que o resultado final, a destruição da

Palestina, se torne realidade, que um fato consumado e irreversível torne obsoletas as condenações étnicas e morais.

Israel sonha com uma resolução definitiva não para a guerra contra o Hamas, mas para a própria Questão da Palestina.

Minha teoria pode chocar. Podemos afirmar, após o 7 de outubro, que Israel aproveitaria para fazer algo a todos os palestinos? Voltarei a esse assunto mostrando como o 7 de outubro se tornou o primeiro movimento de um peão numa partida de xadrez.

Desde a primeira evacuação dos assentamentos em Gaza em 2005, ouve-se dizer incessantemente: “Devemos terminar aquilo que Ben-Gurion deixou inacabado em 1948”.

Devemos então nos perguntar o que poderia Ben-Gurion ter deixado de fazer, a contragosto, em 1948.

De uma guerra em 2024, eis que estamos inscritos na longa sequência da colonização judaica da Palestina iniciada no final do século XIX.

Não traçarei o fio de uma história de séculos e séculos, não é esse o objetivo deste texto. Em vez disso, partirei de uma das datas fundadoras do conflito, uma das chaves da guerra atual em Gaza, guerra esta ocorrida entre 29 de novembro de 1947 e 14 de maio de 1948.

"AL-NAKBA",
O "DESASTRE" DE 1948,
AS DUAS "GUERRAS EM UMA"

[...] Nosso objetivo não é nos tornarmos maioria. Ser a maioria não solucionará nossos problemas. Atingir a maioria é apenas uma etapa, jamais a última. Precisaremos dela para instaurar o Estado. Mas ainda teremos que instaurar o Lar Nacional. [...] Se sou um entusiasta da criação de um Estado judeu agora, mesmo que para isso seja necessário aceitar a partilha da terra, é porque tenho certeza de que um Estado judaico parcial não é um fim, mas um começo. [...] Sabemos que a aquisição que acabamos de fazer não é somente importante enquanto tal, mas também porque ela nos possibilita aumentar nossa força, e todo aumento de força nos aproxima da aquisição do país inteiro. A criação de um Estado, mesmo parcial, constituiria hoje um grande aumento de nossa força, uma poderosa alavanca em nosso esforço histórico pela redenção do país inteiro.

David Ben-Gurion, cartas a seu filho Amos,
27 de julho e 5 de outubro de 1937

Discurso claro que aderia já em 1937 ao princípio de partilha antes mesmo de se beneficiar do plano de partilha da ONU em 29 de novembro de 1947, as palavras de Ben-Gurion a seu filho Amos dizem, óbvia e explicitamente, o sonho fundador de Israel.

Entre 29 de novembro de 1947 e 14 de maio de 1948, ou seja, da adoção do plano de partilha da Palestina à proclamação do Estado de Israel, uma guerra opõe o povo da Palestina a uma comunidade judaica, ainda não israelense. Essa guerra termina com a expulsão, o deslocamento forçado, "a transferência" de centenas de milhares de palestinos de sua terra ancestral.

Essa guerra antecede aquela que se inicia desde a proclamação da Independência de Israel, em 15 de maio de 1948. Assim, ao cruzarem as fronteiras do Mandato da Palestina, os exércitos árabes do Líbano, da Síria, do Iraque, da Transjordânia e do Egito sabem que o primeiro ato da tragédia foi encenado e que a maioria dos palestinos aos quais vêm socorrer já está derrotada, são "refugiados" encurralados às fronteiras de sua pátria. Ao mesmo tempo, e contrariamente à narrativa oficial israelense, a entrada em guerra dos países árabes não pode ser considerada como o resgate árabe aos palestinos engajados em sua luta para "destruir Israel". Ao apresentar os fatos dessa maneira, Israel se colocou como um Estado atacado, forçado a agir em legítima defesa diante de adversários muito mais numerosos em termos de homens, armas e equipamento.

Duas guerras, e não apenas uma, ocorreram em 1948.

Após a primeira, terminada em 15 de maio com a expulsão dos palestinos e o nascimento do Estado de Israel em seu lugar, uma segunda guerra vem opor este último aos exércitos de países árabes vizinhos. A narrativa israelense junta essas duas guerras em uma, mais precisamente a segunda.

Qual é a utilidade dessa junção?

Ao confundir a primeira guerra da Palestina com a segunda, a primeira é reduzida a um episódio da segunda. Assim, foi possível se utilizar do álibi de "acidentes de guerra" para qualificar o drama dos refugiados, quase 750 mil em 1948 e hoje mais de 6 milhões nos campos, para ocultar o destino infeliz das 418 localidades palestinas arrasadas na sequência de 1948, para apresentar a expulsão como a consequência do ataque conduzido pelos árabes, que, a partir de então, seriam os únicos responsáveis pelo "Desastre" que foi a Nakba.

A primeira guerra, no entanto, foi o palco de uma história totalmente diferente.

A limpeza étnica começou ali segundo a configuração estabelecida pelo plano de partilha da ONU, em 29 de novembro de 1947, mas nem os sionistas nem os palestinos conduziram essa guerra por meio dessa "geografia".

Pelo contrário, com os sionistas se escondendo atrás de uma afirmação de legítima defesa e com os palestinos empenhados em proteger uma terra considerada sua pátria indivisível, fez-se uma guerra total.

Sem deixar nenhum espaço para qualquer possibilidade de partilha, essa guerra só poderia ter um resultado: ou os palestinos conseguiriam se manter em solo nacional, ou os sionistas os expulsariam dali.

Os resultados dessa vitória judaica foram, no entanto, incompletos. A Palestina foi conquistada apenas parcialmente, e o Lar Nacional permaneceu, até 1967, privado da Cisjordânia e de Jerusalém Oriental, de um lado, e de Gaza, do outro, que passaram para o controle jordaniano e egípcio – lembrando que quase 150 mil palestinos de 1,4 milhão contados em 1948 que escaparam da expulsão permaneciam naquilo que se tornara Israel.

1947-1948, 2023-2024: AS DUAS GUERRAS "CARA A CARA"

Diferentemente das sucessivas guerras israelo-árabes, os conflitos de 1947-1948 e de 2023-2024 colocam palestinos e israelenses sozinhos, cara a cara, tal qual dois parceiros de um estranho casal. Anos mais tarde, o escritor Amós Oz, defensor de uma paz negociada, faria continuamente um apelo ao mundo para contribuir pela paz: "Ajudem-nos a nos divorciarmos!".

Oz esquece, no entanto, que para se divorciar é necessário antes ter sido casado, quando na verdade esse conflito nasceu da própria impossibilidade de uma união.

Quais são as características próprias a essas duas guerras restritas apenas aos palestinos e israelenses?

Ambas reúnem, num combate vivido como existencial, a totalidade das sociedades palestina e israelense, incluindo comunidades emigradas palestinas e diásporas judaicas.

Ambas ocorreram dentro das fronteiras da Palestina do Mandato Britânico, o país que os palestinos designam pelo nome da Palestina histórica, o mesmo país que os colonos e os expansionistas israelenses tentam acabar de conquistar para constituir um Israel indo da Jordânia ao Mediterrâneo.

Em 1948, Israel entra em guerra, convencido de que sua existência depende da saída forçada de um povo que já estava presente naquele lugar.

Fortemente convictos de que o que estava em jogo não era *ir* à Palestina, mas *voltar* à Palestina, baseando-se no fato de que essa volta reduzia *de facto* o povo já presente a ocupantes ilegais de uma terra prometida a um outro povo, os sionistas conduziram em 1948 uma guerra fundada num direito divino e absoluto que lhes outorgava um direito de presença exclusiva, defendida com a certeza de quem goza de uma moralidade absoluta. Neste ponto eles foram ajudados pelo fato de que a criação do Estado de Israel, logo após a guerra e a derrota da barbárie nazista, era para uma grande parte do mundo a expressão de um Bem absoluto. O nascimento de Israel não seria a resposta adequada ao Mal absoluto que foi o nazismo? Partindo dessa noção de um direito de presença solitária e exclusiva sobre a Palestina, torna-se impensável para a grande maioria dos israelenses aceitar o fato de que o seu Estado possa ter nascido de uma injustiça cometida a outro povo.

Diante disso, o povo da Palestina, que então deveria deixar aquele lugar, desenvolveu uma resistência obstinada em não aceitar desaparecer numa ausência definitiva.

Neste ponto inscrevem-se as duas narrativas radicalmente opostas a respeito daquilo que os historiadores israelenses chamaram "o nascimento do problema dos refugiados palestinos".

Os israelenses não sabem o que aconteceu de verdade?

Acredito que todos, de ambos os lados, sabemos o que aconteceu, mas apenas uma minoria ínfima de israelenses o reconhecerá.

Munido de um direito absoluto outorgado a si mesmo, armado contra qualquer crítica, Israel se encontra assim impedido de qualquer trabalho de revisão radical das circunstâncias de seu nascimento

Como um país fundado imediatamente após o Holocausto, na sequência de um crime contra a humanidade, poderia reconhecer ter nascido de uma injustiça? Como ele não veria, nesse reconhecimento, um questionamento de seu próprio direito a existir? Os palestinos continuaram a brandir a resolução 194 da ONU que, em 11 de dezembro de 1948, lhes outorgou o Direito ao Retorno, a qual foi imediatamente percebida por Israel como uma licença para fazer desaparecer tal direito.

Ao longo de décadas, a relação Palestina/Israel se exprimiu nos seguintes termos:

"Se estamos aqui, legitimamente presentes, é porque vocês não estão mais aqui..."

"Quando voltarmos para casa, vocês não estarão mais lá."

Com a guerra contra Gaza e toda a Palestina, essa dupla negação, que acreditávamos poder ser ultrapassada graças à adesão a negociações fundadas sobre a partilha, volta-nos intacta, trazida pela loucura de uma política que pretende completar a Nakba de 1948.

Mas o sentimento de uma maioria esmagadora de israelenses de estar em risco de desaparecimento é real? Ou mesmo realizável?

As organizações palestinas, em todo caso, nunca tiveram os meios para tal, apesar de suas palavras de ordem, convicções ou slogans de anos e anos de "riscar do mapa a entidade sionista".

Quanto aos exércitos dos Estados árabes, em algum momento eles dispuseram dos meios, mesmo que essa tenha sido sua política real ou declarada, de destruir Israel? Nunca foi esse o caso. E mesmo que fosse, o mundo, todas as potências mundiais, lideradas pelos Estados Unidos, jamais deixariam isso acontecer.

Embora fundamentados, esses argumentos não são pertinentes. Pois, protegidos ou não, super armados ou não, os israelenses têm a convicção absoluta de que eles ainda podem desaparecer.

Assim, estamos reduzidos a nos utilizar de uma linguagem meteorológica para expressar essa certeza de "sensação de perigo absoluto".

Objetivo ou não, isso não muda nada!

Por quê? O motivo é simples, terrível, trágico, desanimador, longe das narrativas dos pioneiros "heroicos" e dos episódios "admiráveis" apresentados pela historiografia oficial israelense.

A sociedade israelense nasceu marcada pela morte de milhões de vítimas, liquidadas pela simples razão de que elas eram o que eram! Humanos sentenciados à morte pelo único pecado de serem quem são!

Os palestinos foram, por sua vez, sentenciados em 1948 a uma ausência – assim esperava-se – permanente, e negados até nominalmente ("os palestinos não existem"). Estariam eles confrontados a um medo do desaparecimento da mesma natureza?

Não acredito nisso. Pois, contrariamente aos judeus, que os nazistas visavam exterminar sob qualquer hipótese, aos palestinos foi dada a escolha de partir para salvarem suas vidas: Partam e serão salvos! Saiam e vocês viverão!

Se um genocídio não estava, portanto, no horizonte dos palestinos, com os israelenses habitados pelo medo de um desaparecimento possível, são os palestinos que vivem um desaparecimento real, o de uma negação de existência definitiva. Iniciada em 1948, essa ausência poderia encontrar seu epílogo ao termo da guerra em curso.

O governo israelense atual e a própria sociedade israelense, salvo raras exceções, não escondem seu desejo de ver os 3,25 milhões de palestinos da Cisjordânia e de Jerusalém Oriental, os 2,2 milhões de palestinos da Faixa de Gaza e os 2 milhões de palestinos cidadãos de Israel se unirem aos seus 6,5 milhões de concidadãos refugiados.

COM UMA CAJADADA,
DOIS COELHOS.
COM UMA GUERRA...

Em 9 de outubro de 2023, Israel contra-ataca Gaza, mas sem se limitar a esse alvo. Contando com as habilidades de um dos exércitos mais potentes do planeta e com as forças de colonos cada vez mais agressivos na Cisjordânia, além de uma maioria parlamentar na Knesset que o autoriza a uma política tão dura quanto bem-vinda para salvar seu posto, Benjamin Netanyahu reage em diversas frentes.

Reativando o princípio da "transferência" que visa a todos os palestinos, em toda a Palestina, seu Gabinete de Guerra conduz uma batalha em todas as frentes da Questão Palestina, uma maneira de recuperar o controle acrescentando outros campos de batalha àquele aberto pelo Hamas: Cisjordânia, Jerusalém Oriental, refugiados de 1948.

Ao generalizar a guerra e não limitá-la ao confronto com o Hamas, Israel aproveitou o 7 de outubro para não apenas acertar as contas com o Hamas, mas para acabar de uma vez por todas com todos os palestinos.

"Esta guerra é a última de Israel, a última..." Essas palavras de ordem, tornadas interrogativas no título deste texto, acompanharam continuamente as operações militares em Gaza.

Longe de um simples questionamento, essa afirmação é mais uma ordem de missão e revela o conteúdo do plano israelense para o primeiro dia seguinte.

Afinal, o que significaria "a última"? Uma banalidade? A "revelação" de que essa guerra seria a última no Oriente Médio?

"A última" não significaria, antes, que essa guerra seria a fase definitiva, iniciada em 7 de outubro, que deveria ser concluída com a saída de cena irreversível de todo um povo?

A "última guerra" começa do lado israelense em 9 de outubro, logo após um crime de guerra cometido no dia 7 pelo Hamas.

Os ataques a localidades civis e posições militares israelenses gerariam um total de 1163 vítimas, das quais 787 civis e 376 militares. Além disso, cerca de 250 pessoas foram feitas reféns e levadas à Gaza. A essa pesada conta acrescentam-se, quatro meses mais tarde, as conclusões preocupantes de um relatório da representante especial da ONU sobre a violência sexual durante os conflitos. Segundo o estudo, "informações claras e convincentes" demonstram que "há boas razões para se acreditar que vítimas do 7 de outubro foram violentadas, assim como alguns reféns detidos em Gaza".

O choque é mundial. Atordoados, comentadores passam a considerar esta uma ação de comando, sanguinária e ousada, selvagem e surpreendente pelos feitos atingidos, desprezível pelos estupros cometidos.

Os agressores sobrepujaram muros, controles eletrônicos, guarnições posicionadas em torno da prisão a céu aberto que é Gaza. Com esse ataque surpresa, eles zombaram de um ocupante que não poderia nem mesmo imaginar que os ocupados fossem capazes de uma tal proeza técnica e bélica.

As opiniões palestinas se dividem então entre a repulsa e a vergonha diante da carnificina e da violação de civis – "Essas coisas não são como nós! Nós não somos assim!" – e o apoio a uma resposta finalmente dada ao Exército israelense.

O bombardeamento de civis da parte de Israel logo poria fim a essas reações contraditórias. A opinião palestina então se volta para o apoio à ação do Hamas, percebido como a única força à altura do ocupante.

Ao longo dos dias seguintes ao 7 de outubro, novas informações revelam que a operação havia sido há muito tempo preparada, que o Hamas havia se instalado numa rede subterrânea de centenas de quilômetros de túneis com reservas de alimentos, de munição, uma rede de comunicação... enfim, uma máquina de guerra antecipando um confronto total.

Desenha-se uma estratégia há muito tempo amadurecida.

Com um conhecimento aprofundado da sociedade israelense, ela parte de uma convicção. Submetido a um ataque sem piedade, Israel não poderia se contentar com bombardeamentos punitivos, tal como no passado, e seria obrigado a abrir uma frente dentro de Gaza.

Assim se delineou uma armadilha digna de um bom jogador de xadrez: Israel estava encurralado. Sua única resposta possível era a intervenção a esse ataque, cuja selvageria, aliada a uma grande tomada de reféns, tinha todas as características de uma ameaça existencial.

Diferentemente dos confrontos passados entre o Hamas e o Exército israelense, o caráter impiedoso do ataque de 7 de outubro não deixou nenhuma dúvida quanto às intenções dos agressores. Israel se viu obrigado a responder. Ao fazê-lo Israel se colocou exatamente na posição que os agressores queriam: encurralado.

Assim começa, então, a busca por um "manipulador de marionetes"...

Como, no Soweto que é Gaza, impiedosamente cercado desde 2006, os palestinos puderam adquirir essa técnica militar, dominar o tempo necessário para produzir ou armazenar todo esse armamento sem serem percebidos pelos serviços de inteligência israelenses e seus informantes, além de abrir e equipar centenas de quilômetros de túneis? Tarefa impossível sem algum mentor externo, sem uma conspiração mundial da Irmandade Muçulmana, do Irã...

Irã que, aliás, manifestaria já desde os primeiros dias da guerra sua decepção por não ter sido avisado da operação. Verdade ou blefe? Não importa. Informado ou não, o Irã não deixaria de entrar no jogo, tal como os Estados Unidos na Ucrânia, participando de uma guerra por países interpostos, nas duas frentes mantidas pelo Hezbollah no sul do Líbano e os hutis no Iêmen. Mas com um limite a não ser cruzado: controlar a intensidade dos confrontos de modo a não entrar diretamente em guerra. Caso contrário, os falcões israelenses concretizariam o desejo de expandir a guerra de Gaza até aquela região, forçando assim os Estados Unidos a entrar fisicamente no conflito.

E as sociedades palestina e árabes?

A selvageria das represálias israelenses contra os civis, o contínuo massacre de milhares de civis, em sua maioria crianças e mulheres, a destruição das cidades da Faixa de Gaza, os ataques a hospitais e serviços de emergência, a fome e os riscos de epidemia deixam Israel mais impopular do que nunca.

A isso acrescenta-se a convicção de que o Ocidente pratica uma política de dois pesos e duas medidas. Confirmada pela impunidade de Israel, que suscita apenas expressões de pesar, uma certeza alimenta a rejeição do Ocidente. "Israel é seu filho mimado. Todos os crimes lhe são permitidos", é o que dizem muitos interlocutores que não são nem islamistas nem membros ou partidários do Hamas.

“SE ISSO NÃO É UM
GENOCÍDIO, É O QUÊ?”

Supondo que a posição de Israel em Haia seja justa e legal, que Israel não comete nenhum genocídio ou nada próximo disso. Então o que é isso? Como chamar os assassinatos em massa [...] sem discriminação, sem limites e numa escala difícil de se imaginar?
Gideon Levy, Haaretz, 14 de janeiro de 2024

Em 29 de dezembro de 2023, a África do Sul aciona o Tribunal Internacional de Justiça (TIJ) no âmbito da Convenção para a Prevenção e Repressão do Crime de Genocídio das Nações Unidas com alegações de genocídio contra o povo palestino, em seguida aos ataques conduzidos pelo Hamas e outros grupos armados em 7 de outubro de 2023.

O encaminhamento das alegações a esse tribunal se baseia no fato de que este é "o responsável por resolver, conforme o direito internacional, os litígios de ordem jurídica, relativos à interpretação, aplicação ou implementação da Convenção sobre o Genocídio, e a responsabilidade de um Estado pelo genocídio".

O dossiê enviado pela África do Sul acusa Israel "de atos e omissões de caráter genocidário, cometidos com a intenção específica de destruir os palestinos em Gaza enquanto parte do grupo nacional, racial e étnico palestino em sentido amplo".

As audiências dedicadas ao pedido de medidas provisórias pela África do Sul acontecem em Haia em 11 e 12 de janeiro de 2024. O Tribunal profere sua sentença em 26 de janeiro de 2024.

Segundo as medidas proferidas, Israel é obrigado a se abster de qualquer ato que se enquadre no âmbito da Convenção sobre o Genocídio; a cessar os bombardeamentos em massa, os deslocamentos forçados, os ataques a hospitais e escolas; a pôr fim ao cerco que visava levar a fome à população; a prevenir e punir a incitação direta e pública a cometer genocídio; a tomar medidas imediatas e eficazes para permitir o fornecimento de ajuda humanitária à população civil de Gaza e, enfim, a apresentar, no prazo de um mês, um relatório sobre as medidas tomadas conforme a essa sentença.

Embora essas medidas provisórias afirmem que a sobrevivência dos palestinos está ameaçada em Gaza, o Tribunal não apela a um cessar-fogo, mesmo tendo reconhecido que uma prática "potencialmente genocidária" esteja em curso.

Seria para garantir a adesão de uma maioria de juízes, visto que treze magistrados dos quinze membros do Tribunal votaram a favor das medidas?

O Tribunal seria acionado também por 52 Estados membros da ONU para um parecer consultivo sobre a legalidade da ocupação em 1967 dos territórios palestinos por Israel. As audições dos representantes dos 52 Estados ocorrem entre 19 e 26 de fevereiro de 2024. A maioria pede a retirada "imediata, incondicional e unilateral" de Israel dos territórios conquistados em 1967. O Tribunal delibera e anuncia, após seis dias de audiências, que dará seu parecer jurídico num prazo de cinco meses.

A entrada em cena do país de Nelson Mandela, ícone mundial da luta contra o apartheid, revela, além de seu caráter simbólico, uma inversão histórica dos "papéis". Simbólico, mas também político. Em muitos sentidos, é uma primeira vez mundial.

É a primeira vez que uma nação do Sul assume a missão da defesa da universalidade dos princípios, da observância, do respeito e da aplicação de dois textos fundamentais que deveriam reger a vida do mundo após 1948: a Convenção para a Prevenção e Repressão do Crime de Genocídio (9 de dezembro de 1948) e a Declaração Universal dos Direitos do Homem (10 de dezembro de 1948).

Assim reivindicado, o princípio de universalidade diz o quanto o povo árabe da Palestina é vítima de uma negação permanente do princípio de igualdade. Afinal, a universalidade não significa que todos os seres humanos gozam dos mesmos direitos fundamentais simplesmente devido à sua humanidade, onde quer que vivam e quem quer que sejam, independentemente de seu estatuto ou de qualquer característica particular?

A essa novidade mundial acrescenta-se uma segunda, talvez menos perceptível mas não menos excepcional. Em matéria de conflito israelo-palestino, é a primeira vez que o país do Bem absoluto é acusado de crime de genocídio.

Ao assumir assim o papel de defensora da lei, a África do Sul não fala apenas em seu nome, mas por todas as nações que sofrem com as reviravoltas da prática dos dois pesos e duas medidas. Abordada e percebida dessa maneira, a iniciativa da África do Sul sinaliza uma mudança possível de mundo, e seu acionamento do Tribunal Internacional de Justiça terá uma ressonância mundial.

O Sul acaba de quebrar o monopólio de um Ocidente autoinvestido do papel de único garantidor de um princípio de universalidade, pedra angular da Convenção e da Declaração de 1948, e o recurso ao Tribunal de Haia anuncia que o sistema desse direito que deveria reger o mundo não é defendido por aqueles que até agora o garantiam. Como prova, a sua defesa seletiva dos direitos fundamentais.

Compreende-se assim como a Palestina, esse pequeno país que sofre de uma injustiça centenária, se tornou em 26 de janeiro de 2024 uma caixa de ressonância do estado atual do planeta e o "país termômetro" do respeito ao princípio de igualdade, base da universalidade.

Israel, em virtude da impunidade de que sempre gozou, não responderá a nenhuma das ordens determinadas pelo Tribunal de Haia. Negando até hoje as acusações que lhe são feitas, ele perdurará em sua prática fundada numa espécie de direito natural à impunidade devido ao crime sofrido durante a Segunda Guerra Mundial.

"Eles não entendem que podem ser acusados de genocídio", escrevem alguns lúcidos colunistas israelenses. Também corajosos, pois suas palavras poderiam levá-los a serem acusados de traição por seus concidadãos.

RUMO A
UMA SELVA
“INTERNACIONAL”?

A guerra em curso contra a Palestina é duplamente inaugural. À tomada pelo Sul do papel de defensor da universalidade acrescenta-se a condenação da prática da impunidade. Ela é, pelo contrário, um alerta contra a catástrofe que seria o fim do mundo do direito inaugurado após a Segunda Guerra Mundial.

> Uma nova guerra eclodiu no Oriente Próximo após o massacre cometido pelo Hamas em 7 de outubro de 2023, seguido pelos bombardeamentos mortais de Israel em Gaza. Essas carnificinas, acompanhadas de perseguições na Cisjordânia e de declarações anexionistas, despertaram a questão palestina então adormecida. Elas mostraram ao mesmo tempo a urgência, a necessidade e a impossibilidade de uma descolonização daquilo que resta da Palestina árabe e da criação de um Estado palestino. Como nenhuma pressão é, nem jamais será, exercida sobre Israel para chegar a uma solução aos dois países, a única previsão possível é a de um agravamento, ou mesmo uma expansão desse terrível conflito. É uma trágica lição de história: os descendentes de um povo perseguido durante séculos pelo Ocidente cristão e racista podem tornar-se tanto os perseguidores quanto o bastião avançado do Ocidente no mundo árabe. [...]
> A democracia está em crise em todos os continentes: cada vez mais substituída por regimes autoritários que, dispondo de meios de controle informático sobre populações e indivíduos, tendem a formar sociedades de submissão que poderiam ser chamadas neototalitárias. A

globalização não gerou nenhum espírito de solidariedade e as Nações Unidas estão cada vez mais desunidas.

Edgar Morin, Le Monde, 22 de janeiro de 2024

As justas palavras de Edgar Morin entram em conflito com outras tão frequentemente ouvidas de interlocutores americanos durante as discussões de paz. Palavras que já comunicavam o desejo atual de não mais se dar ao trabalho de observar as leis: "Você não para de basear suas reivindicações em resoluções da ONU, regras e princípios. Quando você vai entender que você precisa elaborar seus próprios termos de referência? Além disso, você não me diz, nem mesmo uma vez, qual seria o interesse dos Estados Uxnidos em apoiar suas demandas?".

"Termos de referência", eis a chave para uma selva por vir, regida somente pelas relações de forças. Que cada povo expresse seus sonhos e desejos e que os mais fortes imponham os seus!

Vê-se como a impunidade de Israel se torna o signo de um desaparecimento em curso do direito. Como a negação às demandas palestinas é carregada de perigos, principalmente a do fim da ordem internacional nascida em 1948 sob a bandeira do "Isso nunca mais!".

Essa evolução revelada pela iniciativa histórica da África do Sul não nasceu com a guerra em Gaza. Ela já estava em curso, em grande parte iniciada com o ódio ao direito internacional por parte dos três grandes impérios de hoje. Estados Unidos, Rússia e China não comungam, apesar de seus antagonismos, de uma política do direito de veto "majestático", enquanto aguardam o colapso final da ONU, órgão indispensável à paz mundial?

Da mesma forma, a impunidade jurídica de que Israel goza também não data da guerra de Gaza. Israel é considerado, desde sua criação, não como um país acima da lei, uma posição indefensável, mas como uma exceção legítima à lei.

Estatuto particular justificado pelo sofrimento antecedente ao nascimento de Israel, privilégio bastante útil que lhe confere o direito de sempre ser compreendido. Assim, se não é uma norma jurídica, a impunidade é, no entanto, um direito de Israel à compreensão, quaisquer que sejam seus atos.

Essa impunidade vem sendo contestada e questionada por movimentos israelenses dos Direitos do Homem, militantes partidários do reconhecimento mútuo, mas que, infelizmente, não ocupam o espaço que merecem na vida política israelense.

A guerra atual é uma sucessão de represálias selvagens raramente vistas contra a população civil palestina. E se elas não ocorreram numa lacuna da lei, elas surgem graças à crescente erosão do poder e do peso dos órgãos internacionais, encabeçados pela ONU.

LEMBRAM
DA CÁPSULA
DE ANTRAZ?

5 de fevereiro de 2003. No Conselho de Segurança da ONU, Colin Powell, secretário de Estado dos Estados Unidos, acusa o Iraque de possuir um programa de fabricação de destruição em massa. Para basear seus argumentos, ele brande, num gesto teatral, uma cápsula de antraz...

Anos mais tarde, Powell reconhece que não era esse o caso, mas a guerra "preventiva" contra o Iraque acontece de todo modo. A ditadura de Saddam Hussein é felizmente aniquilada, mas nem por isso o Iraque escapa de uma destruição cujos efeitos desastrosos se verificam até hoje.

26 de janeiro de 2024. No dia que o Tribunal Internacional de Justiça profere seu veredito, e quase na mesma hora, fontes israelenses comunicam à imprensa, por meio de um documento reduzido a algumas páginas, resultados de uma investigação não sustentados por quaisquer provas.

"Funcionários da UNRWA participaram do crime de guerra do 7 de outubro de 2023!". Israel pede o fechamento da Agência da ONU e vários países doadores, encabeçados pelos Estados Unidos, anunciam imediatamente o fim do apoio financeiro que lhe era concedido.

O que é essa agência e o que está em questão nesse caso?

A UNRWA (Agência das Nações Unidas de Assistência aos Refugiados da Palestina no Oriente Próximo) é uma agência da ONU dedicada exclusivamente aos refugiados palestinos. Criada em 27 de dezembro de 1949, ela é encarregada de suas necessidades básicas de saúde, educação e serviços sociais. Ela surge logo depois da adoção, em 11 de dezembro de 1948, pela Assembleia Geral da ONU, da resolução 194 sobre o Direito ao Retorno.

Hoje, os refugiados palestinos cadastrados nos registros da UNRWA – nem todos aqueles que foram expulsos em 1948 – são cerca de 6,5 milhões. Em Gaza, 75% dos 2,2 milhões de habitantes gozam do estatuto de refugiados palestinos. Em 2017, a UNRWA atuava em 59 campos espalhados entre a Cisjordânia, a Faixa de Gaza, a Jordânia, o Líbano e a Síria.

Ela é portanto a maior agência das Nações Unidas, com uma equipe de quase 27 mil pessoas, das quais 99% são refugiados ou seus descendentes das guerras de 1948 e 1967.

Uma outra particularidade é o fato de que a UNRWA é a única agência da ONU cujo mandato será mantido enquanto o retorno não for instaurado. Disto resulta que a continuação das atividades da UNRWA é, de fato, uma prova permanente da persistência do Direito ao Retorno; e a perenidade de seus serviços, um lembrete permanente da existência de um direito à espera de concretização.

Logo se entende por que Israel, que desde 1950 busca a abolição do Direito ao Retorno, pede regularmente a supressão da UNRWA. Com o desaparecimento da agência equivalendo à abolição do próprio direito, a UNRWA faz parte daquilo que Ben-Gurion "deixou inacabado...".

Quanto às revelações israelenses da participação de doze funcionários da agência no massacre de 7 de outubro, são legítimas as dúvidas que nos obrigam a esperar que Israel forneça provas concretas. O que é bastante compreensível já que Philippe Lazzarini, comissário-geral da UNRWA, afirma que a informação lhe "foi transmitida oralmente" e que a ONU confirma que, "até o momento, Israel não compartilhou qualquer prova de suas acusações nem com nossos investigadores nem com a UNRWA".

É preciso acrescentar a estranha coincidência quanto à data e à hora entre a decisão do Tribunal de Justiça e as revelações por parte dos israelenses, enquanto Israel pede a liquidação da UNRWA e a demissão pura e simples de seu comissário-geral...

Essas dúvidas e questionamentos legítimos obrigam a outras interrogações.

Sabendo que a UNRWA emprega cerca de trinta mil pessoas, seria plausível que alguns de seus funcionários, submetidos desde 2005 a um impiedoso cerco israelense, e vivendo desde 2007 sob o controle de Gaza pelo Hamas, tenham se juntado a esse último?

A resposta é sem nenhuma dúvida afirmativa.

Mas seria por isso aceitável que vários Estados se precipitem para cortar o envio de mantimentos e serviços vitais a milhões de seres humanos vítimas de bombardeamentos, ameaçados por epidemias e pela fome, privados de medicamentos e de cuidados em condições sanitárias extremas?

A resposta é negativa.

As repetidas demandas da parte de Israel para fechar pura e simplesmente a UNRWA são indicadores de uma crueldade indigna para com milhões de refugiados que dependem dos serviços da agência? Elas levam em consideração que uma onda de fome é, segundo a OMS, quase inevitável em Gaza? Apostam numa explosão regional, principalmente na Jordânia, onde os registros da UNRWA contam 2,2 milhões de refugiados? Ou, antes, elas anunciam a esperança de tirar proveito do advento de guerras regionais para abolir o Direito ao Retorno, esvaziar a Cisjordânia de seus habitantes e, com isso, se livrar também da situação em Gaza?

A BUSCA DO GRAAL:
OS "DOIS ESTADOS"

A solução dos dois Estados está, com idas e vindas, na ordem do dia desde a convocação da Conferência Internacional de Paz em Madri, em 30 de outubro de 1991.

Baseada no princípio da "terra em troca da paz", ela deveria abrir caminho para uma paz abrangente e permanente entre israelenses e palestinos, assim como entre Israel e seus vizinhos árabes.

A adesão da Palestina a esse modo específico de resolução foi possível desde a realização em Argel, em 15 de novembro de 1988, de uma sessão do Conselho Nacional Palestino, parlamento no exílio, quando os delegados adotaram por maioria uma resolução histórica:

> *O Conselho Nacional Palestino afirma a determinação da Organização para a Libertação da Palestina em chegar a uma solução política abrangente para o conflito israelo-árabe, cuja essência é a questão palestina, no âmbito da Carta das Nações Unidas, de disposições da legalidade internacional, de princípios e regras de direito internacional, de resoluções das Nações Unidas.*

Em tal ocasião, essa decisão de "chegar a uma solução política" foi literalmente arrancada por Yasser Arafat de uma assembleia abismada com o conteúdo implícito de suas palavras. Aceitar o princípio de uma partilha da Palestina equivalia a abandonar anos de lutas por uma "libertação total da pátria usurpada".

Essa ruptura radical foi facilitada graças a uma distinção fundamental entre dois conceitos, o de pátria e o de Estado. Assim foi possível estabelecer: a Palestina, toda a Palestina, é a pátria do povo palestino, mas o Estado palestino seria instaurado somente em uma parte do território da pátria.

Assim nasceria a aceitação de um Estado erigido sobre os territórios ocupados em 1967: Cisjordânia, Jerusalém Oriental e Faixa de Gaza. Portando esse compromisso histórico, a delegação palestina chegaria a Madri munida de dois documentos recebidos dos Estados Unidos.

Tratava-se de duas "cartas de garantia" – uma sobre a finalidade política das negociações, a outra sobre suas regras processuais.

Mas de saída havia um problema: os palestinos foram notificados de que as negociações ocorreriam em duas etapas. Após lidar com questões menos espinhosas, eles deveriam em seguida aguardar o fim de um "período provisório" de cinco anos para então abordar os temas mais delicados, explosivos, de Jerusalém e dos assentamentos.

O argumento americano, revestido de prudência e bom senso, explicaria o quanto era indispensável que se desse tempo suficiente para alcançar os primeiros objetivos e evitar o impasse de negociações falidas de saída.

Trinta e três anos mais tarde, não há paz, nem muito menos um Estado palestino.

Muito foi dito e escrito sobre essas negociações intermináveis e sem conclusão, sobre as causas dos fracassos, as responsabilidades de uma parte ou de outra. Sem entrar em detalhes, hoje podemos considerar que essa regra do período provisório foi mortal.

Por causa dela os líderes israelenses, forçados pelos Estados Unidos a estarem presentes em Madri, jogaram incessantemente a cartada de um tempo inesgotável, tornando assim impossível a instauração de um Estado palestino que, na verdade, eles nunca quiseram. Ela forneceu sobretudo o tempo necessário para um desenvolvimento nunca antes visto dos assentamentos.

A guerra atual mostra o quanto foi nefasta a decisão americana, supostamente cautelosa e moderada, de esperar que o tempo produzisse bons efeitos.

Nos campos de colonos, o tempo se tornaria um fator de desastre, arranjo processual da "implementação progressiva" que ressurgiria no discurso americano sobre a desejada instauração de uma solução de dois Estados...

O que significa hoje essa "aplicação progressiva" levada a cabo pelos Estados Unidos, acompanhados de tantos outros Estados? Expressaria ela o desejo secreto do "*honest broker*", o "corretor honesto", como se diziam os Estados Unidos, de ver o temporário transformado em permanente?

E o que se pode dizer baseado nos discursos americanos hoje em dia?

O Estado disporia de uma unidade territorial constituída da Cisjordânia e da Faixa de Gaza, com Jerusalém Oriental como capital. O aparelho de Estado seria confiado a uma OLP cujos órgãos, presidência, comitê executivo (governo) e Conselho Nacional Palestino (parlamento) seriam reformados e renovados após eleições gerais.

Um governo de transição de tecnocratas tomaria posse desde o fim das hostilidades, encarregado da reconstrução de Gaza e da organização do conjunto de setores destruídos por Israel – saúde, alimentação, administração –, assim como da condução das eleições presidenciais e parlamentares.

Esse programa, atraente no papel, não aborda, pelo menos não publicamente, o problema dos obstáculos já existentes.

Quem seria capaz de ultrapassar a recusa absoluta de Israel de jamais ver nascer um Estado palestino ao seu lado, reafirmada toda vez que Benjamin Netanyahu fala do "primeiro dia seguinte"?

Como os Estados Unidos revogariam a decisão americana de reconhecer Jerusalém como a "capital eterna do Estado de Israel"?

E quanto à participação ou não do Hamas, que provavelmente estará presente à mesa? E se os Estados Unidos não se opuserem a isso, quem, mais uma vez, seria capaz de suplantar a recusa israelense?

A emergência de um Estado palestino sendo fisicamente impossível devido à extensão dos assentamentos e à contínua erosão do território atribuído ao futuro Estado palestino, quem poria fim à presença de centenas de milhares de colonos?

Que estado obrigaria, eventualmente pela força, os colonos a evacuarem os lugares que ocupam? Quem assumiria a responsabilidade de enfrentar a guerra civil israelense que consequentemente surgiria, sobretudo porque o campo de colonos não se reduz a somente os habitantes dos assentamentos?

Como se daria a sucessão da Autoridade Nacional Palestina, hoje responsável por todos os males, por toda incompetência e corrupção?

Num eventual pós-guerra, qual seria a reação de uma sociedade israelense que desde agora já está em ruptura radical com as concepções que os israelenses têm de sua realidade verdadeira ou imaginada, de sua percepção de si mesmos?

Qual será o destino dos palestinos do "exterior", dos campos de refugiados e das diásporas?

Como terminará a história do Direito ao Retorno de 60% dos 14 milhões de palestinos?

Essas dificuldades são evidentes, para não dizer intransponíveis.

A resposta dos Estados Unidos hoje se dá por "vazamentos processuais" e fragmentos de revelações. A solução nasceria por "consentimento mútuo no âmbito de negociações de boa-fé", "o Estado palestino seria desmilitarizado", "o Estado palestino surgiria gradualmente".

Esse último ponto é fundamental. Ele anuncia, num vocabulário de fato diferente, o retorno do conceito de “período transitório”, aquele mesmo que causou o fracasso do processo de Madri.

Isso quer dizer que o impasse é absoluto?

Existe um meio aproveitar o desastre em curso para encontrar uma porta de saída desse interminável conflito?

"A CARROÇA NA FRENTE DOS BOIS": UMA PROPOSTA UTÓPICA?

A guerra em curso é fonte de grandes preocupações para vários países que anunciaram enfim considerar o reconhecimento da Palestina. Uma decisão esperada e bem-vinda para um povo cuja existência foi continuamente negada. Esse reconhecimento pode se revelar uma virada histórica, contanto que não resulte num *da capo al fine*, uma retomada idêntica das negociações precedentes, todas dedicadas a formular a solução que Israel poderia aceitar.

Os resultados do exercício são eloquentes: uma paz que não se encontra há três décadas.

Para que uma paz real – ou seja, duradoura – surja, é preciso que o reconhecimento que nos é anunciado inaugure uma ruptura, que ele parta não dos desejos de Israel, mas das condições anteriores a qualquer negociação, aquelas definidas pelas resoluções 242 (22 de novembro de 1967) e 338 (22 de outubro de 1973) da ONU.

Um princípio: a inadmissibilidade da aquisição de territórios pela guerra.

Uma obrigação: a retirada das forças armadas israelenses dos territórios ocupados.

Uma iniciativa: a abertura de negociações de paz.

Uma solução existe. E, a menos que se queira repetir permanentemente a mesma ladainha estéril, ela exige libertar-se das ordens de sequência "normais" e ousar "colocar a carroça na frente dos bois", quer dizer, começar o caminho rumo à paz por aquilo que deveria ser seu fim lógico.

A negociação começaria, assim, com um reconhecimento total e antecipado da Palestina.

É claro que um ato como esse despertaria ceticismo e incredulidade. Como conferir atributos de Estado – soberania, fronteiras, continuidade territorial, *jurisdição* e uma capital – a um país ocupado? Justamente, pelo recurso a uma forma de ficção jurídica que, embora surpreendente em termos de legislação, não seria menos inovadora e eficiente legalmente. O que impede as nações soberanas de reconhecer totalmente um país, mesmo que a soberania deste último esteja cativa de uma potência ocupante? O que impede que países soberanos, totalmente livres em seu poder, anunciem o reconhecimento de um país que sabem estar ocupado, sob a condição de que removam gradualmente os riscos constitutivos da ocupação em questão?

Partindo voluntariamente daquilo que deveria ser o resultado de uma negociação clássica, um tal reconhecimento antecipado teria a vantagem de liberar as partes de negociar os atributos legítimos de todo Estado soberano, de protegê-los contra anos de tentativas inúteis de tirar vantagem dos fatos consumados metodicamente acumulados pela potência ocupante.

Equipados com o conhecimento da realidade, sabendo pertinentemente onde se encontra o território do Estado da Palestina (Cisjordânia e Faixa de

Gaza), sua capital (Jerusalém Oriental), o desenho de suas fronteiras (linha verde do cessar-fogo de junho de 1967), os negociadores poderão começar a depurar os atributos de uma nação de todas as desvantagens pacientemente acumuladas e a ela impostas.

Uma escolha como essa requer que parceiros externos, potências amigas de Israel, mesmo que isso signifique perturbar os interesses de seu protegido, encontrem a audácia que tanto lhes faltou para impor uma paz até então considerada inatingível.

Mas... vamos parar de sonhar.

NO 152º DIA:
O QUE DIZER SEM PREDIZER?

Israel, até hoje, não ganhou a guerra. Seu primeiro-ministro e seus líderes foram reduzidos, após cinco meses de operações militares sem troféus, a anunciar uma vitória que virá, certa e inevitavelmente, mas que nunca chega.

Primeira guerra de desgaste, aquela contra a Palestina, rompe com os conflitos-relâmpago ou pelo menos curtos de antes de 2023. Exército e sociedade israelenses acostumaram-se a isso a tal ponto que fizeram dela um dogma.

Um sentimento de impotência, ainda imperceptível, considerando que o país está unido na convicção de defender sua existência, poderia, no entanto, surgir e contribuir para a emergência de uma oposição à guerra.

Isso não está na ordem do dia. Mas alguns sinais, por enquanto isolados, anunciam a possibilidade de ver as desconfianças e dúvidas dos israelenses transformarem-se em questionamentos radicais.

Até porque, caso contrário, ninguém pode descartar as sérias consequências de uma guerra sem fim, de um crescimento das perdas do exército, a magnitude dos custos econômicos e sociais já perceptíveis, de um isolamento total, político e moral, de Israel.

O que aconteceria se Benjamin Netanyahu – que, apesar de responsável por todos esses danos, se mantém no poder – perdesse o posto de primeiro-ministro?

Essa última possibilidade não é de todo irrealista. No Gabinete de Guerra, iniciam-se fortes dissensões, às quais se acrescentam as ações e manifestações dos pais de reféns do Hamas, assim como a convicção geral da parte dos israelenses de que Benjamin Netanyahu simplesmente está tentando retardar a sua própria queda.

A duração dessa guerra, as imagens de milhares de crianças mortas, o lançamento diário de toneladas de bombas num território apertado e superpovoado alimentam a convicção geral de que Israel se vinga de sua impotência contra os civis. Uma convicção ainda mais grave na Palestina, no mundo árabe e nos países do Sul, onde o Ocidente pratica a política imoral, racista e hostil dos dois pesos e duas medidas.

Com a guerra em Gaza, a convicção de um antagonismo irredutível entre o Ocidente e o Oriente produz danos idênticos àqueles causados pela vaga teoria das guerras das civilizações. De quimeras, suas "*self-fulfilling prophecies*", "profecias autorrealizadoras", se tornariam realidades.

O mais preocupante nessa perspectiva decorre da irresponsabilidade tanto de Israel quanto dos Estados Unidos, e de vários países ocidentais, que parecem decididos a confirmar a realidade de uma grande conspiração.

Qual será o destino do Hamas, que, aliás, já obteve uma vitória por simplesmente não ter desaparecido? Será ela perene?

Supondo que todos os seus líderes sejam um dia, como anuncia Israel, fisicamente eliminados, as ideias da organização já estão lá. Eles conseguiram formar camadas e camadas de opiniões palestinas, árabes e muçulmanas.

> Somente o Hamas soube que linguagem usar com o ocupante; somente ele trouxe à tona uma causa palestina totalmente negligenciada pela Autoridade Nacional de Ramallah, somente ele, por meses a fio, esteve à altura do formidável exército israelense, impotente para subjugá-lo,

ouve-se dizer.

Uma prova, entre inúmeras outras, desse apoio crescente é a facilidade e a eficácia com que o Hamas consegue reconstituir suas brigadas após cada anúncio de sua eliminação por Israel.

Surge também uma outra questão, referente à continuidade da possível instauração de uma trégua de seis semanas se a questão dos reféns fosse resolvida. A sociedade israelense iria no sentido de uma retomada dos combates? Ela cederia ao desejo dos Estados Unidos de tomar proveito dessa trégua para emendar com o lançamento da solução dos dois Estados?

Qual seria então a reação dos partidos de extrema direita dos colonos, aqueles mesmos que o ex-primeiro-ministro Ehud Olmert qualifica de "gangue de pogromistas", lançados à destruição total da Faixa de Gaza, com, no final, o

> "expurgo da Cisjordânia de seus habitantes palestinos, a limpeza do Monte do Templo de

> seus fiéis muçulmanos e a anexação de todos os Territórios pelo Estado de Israel. [...] O processo está em curso, neste momento, passo a passo"? (Haaretz, 23 de fevereiro de 2024).

Qual seria enfim, uma vez essa guerra terminada, a recepção reservada pela sociedade palestina a uma "reconciliação" até então impossível entre as duas forças dominantes que são o Hamas e o Fatah? O que será dessa sociedade gerada por duas forças reunidas pelos efeitos de uma guerra e antagônicas por suas visões de mundo?

O PESO DOS NÚMEROS

A magnitude do contínuo massacre de civis palestinos é um grande obstáculo no caminho daqueles que esperam ser possível uma retomada das negociações para uma solução política do conflito.

Quantos são esses massacrados?

É impossível ater-se a um número, com a lista de mortos e feridos aumentando de hora em hora. Podemos dizer que, no momento da escrita destas linhas, há mais de trinta mil mortos e cem mil feridos e desaparecidos palestinos, em sua maioria mulheres e crianças. Quantos mais serão no fim de cada dia, a cada dia seguinte?

Como, na hipótese de uma calmaria duradoura, iniciar um processo de transição pacífico sem considerar as sequelas de uma guerra feita de massacres, de bloqueios ao fornecimento de alimentos e ajuda médica? Seria uma opção ignorar o sentimento de adversidade, nunca antes tão exacerbado, da parte dos palestinos e árabes quanto a Israel?

A distância entre israelenses e palestinos aumentou ainda mais, assim como a desconfiança e a recusa radical. Um país que transforma seu direito de defesa em vingança contra um povo inteiro não estaria com isso desferindo um golpe fatal na possibilidade de ser um dia aceito por aqueles que a ele se opõem?

Israel, esteja preocupado com isso ou não, conscientemente ou não, está perdendo seus atributos de país de moralidade absoluta, os fundamentos de sua impunidade. Será que ele se imagina para sempre reinando por meio da força?

E os Estados Unidos?

A estratégia estadunidense é desde 7 de outubro inaceitável e confusa. Sua amizade e solidariedade com Israel são de fato históricas e inalteráveis. Nada de novo quanto a isso. O que é novo é a cegueira de sua hesitação, por vezes beirando uma inconsciência ridícula, que coloca invariavelmente no mesmo lugar o direito legítimo de um país a se defender contra uma organização e uma política de vingança sanguinária contra um povo, seus pedidos cotidianos por um cessar-fogo e a manutenção das cem pontes aéreas de carregamentos de bombas destinadas ao Exército israelense.

Essa cegueira política permitiu a Benjamin Netanyahu e seus acólitos colonialistas tirar proveito do impasse dos hesitantes democratas americanos, perseguidos pelo temor de uma campanha presidencial americana próxima. Joe Biden revela-se impotente em obter a instauração de um cessar-fogo e os Estados Unidos são humilhados, obrigados a se contentar com o lançamento por via aérea de ajudas alimentares quando todos os postos fronteiriços de Gaza são controlados por seu protegido.

A PREVISÃO DO SECRETÁRIO DE ESTADO JAMES BAKER

A entrevista ocorreu em Jerusalém, em 1991, às vésperas da partida dos delegados palestinos "do interior" – a Palestina ocupada em 1967 –, para unirem-se com seus concidadãos "do exterior" – a Palestina do exílio – na Conferência de Paz de Madri.

Reunidos na Casa do Oriente, no escritório de Faysal Husseini, grande figura internacional de Jerusalém, Hanane Ashraoui, representando a Cisjordânia, e Zakaria al-Agha, representando a Faixa de Gaza, discutem com o diplomata americano.

Fazendo-se de inocente, Faysal Husseini pergunta repentinamente a James Baker: "Você nunca nos disse qual seria a vantagem para nós de irmos a Madri! O que ganharemos ao fim dessa negociação?".

"*You will get more than autonomy and less than a State!*", "Vocês ganharão mais do que autonomia e menos do que um Estado!", responde Baker.

Os negociadores palestinos iriam de todo modo a Madri, convencidos de dispor de uma margem de movimento, pois as negociações haviam sido colocadas sob a égide não somente dos Estados Unidos, mas também da Rússia, da ONU e da Europa.

Hoje, com a guerra e a destruição da Palestina, a proposição de James Baker, muito distante das aspirações palestinas, sequer está em jogo.

AO POETA, A ÚLTIMA PALAVRA!

Sem palavras, encontro-me diante da impossível conclusão deste texto. A guerra continua, e podemos imaginar como será a "paisagem após a batalha" caso nada seja feito para parar essa corrida rumo ao abismo.

Impotente, regresso como sempre aos territórios do poema.

Também preciso voltar a Gaza, à faixa de terra estreita e pobre, povoada por esses homens, mulheres e crianças mártires.

Há anos chamo esse povo, o meu, de "os peles-vermelhas da Palestina", consternado de ver como Gaza está sofrendo o mesmo destino outrora reservado às "reservas indígenas".

A escolha do trecho que eu gostaria de fazer ecoar não é por acaso.

Os versos que seguem são o epílogo de um longo épico de Mahmoud Darwich, *O último discurso do homem vermelho.*

Um poema escrito em 1992 por ocasião das celebrações dos quinhentos anos do descobrimento da América... por Cristóvão Colombo.

Deixo ao leitor a tarefa de julgar sua trágica atualidade.

> E há mortos e assentamentos, mortos e escavadeiras, mortos e hospitais, mortos e radares monitorando mortos que morrem mais de uma vez na vida, mortos que sobrevivem após a morte, mortos que ensinam a morte ao monstro das civilizações e mortos que morrem para transportar

a terra sobre os restos mortais dos defuntos. Ó mestre dos brancos, para onde levas meu povo e o teu? Para que abismo esse robô, crispado de aviões e porta-aviões, está conduzindo a terra? Rumo a que abismo escancarado? E tudo o que vocês desejam cai sobre vocês. A nova Roma, a Esparta da tecnologia e a ideologia da loucura. Quanto a nós, fugiremos de um tempo para o qual ainda não preparamos nossa obsessão. Partiremos rumo à pátria do pássaro, bando de humanos precursores. Dos escombros da nossa terra veremos nossa terra; das brechas entre as nuvens veremos nossa terra; das palavras das estrelas veremos nossa terra; e do ar dos lagos, da penugem do frágil milho, da flor dos túmulos, das folhas do choupo, de tudo o que nos cerca, ó brancos, mortos que morrem, mortos-vivos, mortos que ressuscitam, mortos que espalham o segredo. Deem, portanto, um alívio à terra. Que ela diga a verdade, toda a verdade. Quanto a vocês, quanto a nós. Quanto a nós, quanto a vocês.

Há mortos que dormem nos cômodos que vocês construirão. Mortos que visitam seu passado nos lugares que vocês demolirão. Mortos que passam pelas pontes que vocês construirão. E há mortos que iluminam a noite com borboletas, que chegam na alvorada para tomar chá com vocês, quietos como suas espingardas os abandonaram. Deixem então, ó convidados do lugar, alguns assentos livres para os anfitriões, para que possam ler para vocês os termos de paz com os defuntos.

No 152º dia, "a guerra não acabou".

ELIAS SANBAR

Dados Internacionais de Catalogação na Publicação (CIP) de acordo com ISBD

S198u Sanbar, Elias

A última guerra? Palestina, 7 de outubro de 2023 – 2 de abril de 2024 / Elias Sanbar ; traduzido por Flavio Taam. - São Paulo : n-1 edições, 2023.

72 p. ; 11cm x 18cm.

Tradução de: La Dernière guerre?

ISBN: 978-65-6119-023-7

1. História. 2. Guerra. 3. Palestina. I. Taam, Flavio. II. Título.

CDD 900
CDU 94

2023-1695

Elaborado por Vagner Rodolfo da Silva - CRB-8/9410

Índice para catálogo sistemático:

1. História 900
2. História 94

n-1

O livro como imagem do mundo é de todamaneira uma ideia insípida. Na verdade não basta dizer Viva o múltiplo, grito de resto difícil de emitir. Nenhuma habilidade tipográfica, lexical ou mesmo sintática será suficiente para fazê-lo ouvir. É preciso fazer o múltiplo, não acrescentando sempre uma dimensão superior, mas, ao contrário, da maneira mais simples, com força de sobriedade, no nível das dimensões de que se dispõe, sempre n-1 (é somente assim que o uno faz parte do múltiplo, estando sempre subtraído dele). Subtrair o único da multiplicidade a ser constituída; escrever a n-1.

GILLES DELEUZE E FÉLIX GUATTARI

n-1edicoes.org